VV Kids

La edición original de este libro ha sido creada y publicada por White Star, s.r.l.
Piazzale Luigi Cadorna, 6. 20123 Milan-Italy.
www.whitestar.it

White Star Kids® es una marca registrada propiedad de White Star s.r.l.
© 2019 White Star s.r.l.

© 2020 EDITORIAL VICENS VIVES, S.A.
Sobre la presente edición.

Depósito Legal: B. 11.287-2020
ISBN: 978-84-682-7254-2
N° de Orden V.V.: 0Q19

Traducción española de Antonio-Prometeo Moya.

PRINTED IN ITALY - ROTOLITO S.P.A

ECO HÉROES

*Vidas en defensa
del planeta*

Textos de Federica Magrin

Ilustraciones de Isabella Grott

VV Kids

Indice

Introducción

Los 20 ECO HÉROES que presentamos en este libro asumieron el reto de proyectar un futuro mejor para nuestro planeta, amenazado desde hace tiempo por la sobreexplotación a la que lo somete el ser humano. Solo algunos de ellos han recibido el Premio Medioambiental Goldman, creado para rendir homenaje a quienes se han dedicado de manera activa a proteger el medioambiente. Pero, de una forma u otra, todos han contribuido activamente a PROMOVER UNA ACTITUD SOSTENIBLE y una NUEVA SENSIBILIDAD que hoy empieza a recibir la atención que merece.

Todavía queda un largo camino por recorrer. Los mares están más contaminados que nunca, el cambio climático sigue su curso y cada día continúan desapareciendo especies en peligro de extinción. La vida humana en la Tierra también está en peligro. ¡No permitamos que los ECO HÉROES luchen solos!

EN LAS PÁGINAS SIGUIENTES PODRÁS CONOCER LAS PRINCIPALES ACCIONES Y PROPUESTAS DE LOS ECO HÉROES PARA MEJORAR LA SITUACIÓN DEL PLANETA. ¿QUIERES UNIRTE A LA LUCHA POR EL MEDIOAMBIENTE MÁS FORMIDABLE DE TODA LA HISTORIA?

Richard y Rhoda Goldman
Fundadores del Premio Medioambiental Goldman

Ulysses S. Grant

(1822-1885)

Defendí una visión ecologista de la vida en una época en la que la palabra «ecología» no existía y los problemas del medioambiente no figuraban en los programas políticos. Los Estados Unidos acababan de salir de una sangrienta guerra civil, y mi prioridad como presidente de la nación era restablecer los principios para la coexistencia pacífica y los derechos humanos fundamentales. Al mismo tiempo, quise intentar que todos se dieran cuenta de lo importante que es la naturaleza para el bienestar y el progreso humanos. El 1 de marzo de 1872 dicté la ley que promovía la fundación del PARQUE NACIONAL DE YELLOWSTONE, el primero de estas características. La Ley de Protección del parque explicaba los motivos por los cuales este era considerado un espacio verde de interés nacional: debía servir para el «disfrute público» y el «esparcimiento de la población». Yellowstone nació, así, como un parque consagrado a la naturaleza cuyo fin era EL RECREO DE TODAS LAS PERSONAS INTERESADAS EN ESTABLECER UN CONTACTO SINCERO Y AUTÉNTICO CON EL ENTORNO NATURAL.

Yo era un veterano de guerra. Había sido general de la Unión, es decir, del conjunto de estados que, durante la Guerra de Secesión norteamericana, lucharon contra el régimen esclavista de los Estados Confederados del Sur. A pesar de que tuve que luchar en el campo de batalla, lo cierto es que creo que la guerra solo tiene sentido cuando sirve para lograr la paz.

Cuando, en 1869, me nombraron presidente de los Estados Unidos, SENTÍ LA NECESIDAD DE BUSCAR EN LA NATURALEZA UN MEDIO PARA OBTENER UNA PAZ MÁS PROFUNDA Y DURADERA. Había oído muchas veces los relatos de viajeros que explicaban lo maravillosas que eran las tierras del oeste americano. Me pareció que, ante el imparable avance del progreso y la codicia del ser humano, era indispensable conservar algunos territorios en su estado natural, tal y como estaban, para que las generaciones futuras también pudieran gozar de ellos.

LA FUNDACIÓN DEL PARQUE DE YELLOWSTONE FUE SOLO EL PRIMER PASO DE UN LARGO CAMINO que conduciría a la fundación de muchos otros parques nacionales, en Estados Unidos y en el resto del mundo.

Julian Huxley (1887-1975)

Mi nombre suele ir unido al del Fondo Mundial para la Naturaleza (WWF), una organización internacional dedicada a proteger el medioambiente y cuyo símbolo es un animal en peligro de extinción: el panda gigante. Fundé esta célebre institución con el príncipe Felipe, duque de Edimburgo y marido de Isabel II de Inglaterra. El proyecto se hizo realidad cuando yo tenía setenta años cumplidos, y fue la culminación de un sueño que había albergado durante toda mi vida: conservar las especies vivas que hay en nuestro planeta respetando el equilibrio natural que existe entre ellas, tantas veces amenazado por el ser humano.

Durante muchos años me había dedicado a investigar las maravillas de la naturaleza y a publicar numerosos libros y estudios. Sin embargo, sentía la necesidad de hacer algo más concreto y práctico para proteger a los seres vivos y sus hábitats. Al fin y al cabo, los humanos, nos guste o no, somos responsables del futuro de nuestro planeta...

Cuando hablamos de proteger a las especies que están en peligro, muchos piensan sobre todo en los animales de gran tamaño. La gente se preocupa por los tigres, por los gorilas o los rinocerontes, y está bien que sea así, pero, como contrapartida, se suele prestar poca atención a la desaparición de otros organismos más simples o incluso invisibles. Como biólogo, estoy convencido de que nuestra actitud debe cambiar. ¡ES IMPRESCINDIBLE CONSERVAR TODOS LOS ELEMENTOS DEL CICLO VITAL PARA QUE EL SISTEMA FUNCIONE!

Llegué a esta conclusión después de investigar a varios animales poco conocidos, como el ajolote —un anfibio mexicano en peligro de extinción— y otras especies que encontré en mis viajes por zonas poco transitadas del África oriental. Allí pude estudiar detenidamente la interrelación que existe entre los animales y sus hábitats, y entre los animales y los humanos. A lo largo de mi vida recibí varios premios por mis méritos científicos, pero me gustaría que, por encima de todo, me recordaran como un hombre al que NI LOS SERES HUMANOS NI LOS ELEMENTOS DE LA NATURALEZA LE FUERON AJENOS.

Rachel Louise Carson (1907-1964)

Libré mis batallas ecologistas en una época en la que nadie se preocupaba por los daños que el ser humano puede causar a la naturaleza, ni por las consecuencias que estos daños suponen para las especies que habitan el planeta (¡incluida la humana!). En cierto modo, fui LO QUE MUCHOS LLAMAN UNA PRECURSORA. Mi interés hacia la naturaleza surgió durante la infancia. Crecí en el campo, rodeada de cultivos, y muy pronto me di cuenta de lo maravilloso —y, al mismo tiempo, frágil— que era el mundo que me rodeaba. Hice grandes esfuerzos para que todos comprendieran la necesidad de proteger aquel delicado equilibrio y el medioambiente. Y me sentí muy feliz cuando, en Maryland (Estados Unidos), quisieron dedicarme un parque: el Parque Natural Rachel Carson. QUIENES MORAN ENTRE LAS BELLEZAS Y MISTERIOS DE LA TIERRA NUNCA ESTARÁN SOLOS NI SE CANSARÁN DE VIVIR.

Durante muchos años trabajé como bióloga en la Dirección General de Pesca de los Estados Unidos y me especialicé en el estudio del mar y sus ecosistemas. Pero también me ocupé de muchos otros asuntos. En una ocasión, recibí la carta de una mujer llamada Olga que dirigía una reserva ornitológica. Olga estaba preocupada por el efecto perjudicial que los insecticidas y fertilizantes podían tener en la salud de los animales. Tiempo atrás yo había tenido unas inquietudes parecidas, y su petición de ayuda me impulsó a actuar. Llevé a cabo un largo proceso de investigación y, al concluirlo, escribí *PRIMAVERA SILENCIOSA*, un libro que se publicó en 1962 y tuvo una gran repercusión entre los agricultores, entre los fabricantes de productos químicos y entre los consumidores en general. Recibí una lluvia de críticas y ataques, pero también hubo GENTE QUE ME APOYÓ. Cuando fallecí, algunos insecticidas que yo consideraba muy peligrosos, como el DDT, todavía se comercializaban. Por fortuna, la situación mejoró un poco con el tiempo, y al final los gobiernos prohibieron el uso de algunos pesticidas nocivos para el medioambiente. Es una suerte, porque CUANTO MÁS CLARAMENTE VEAMOS LAS MARAVILLAS DEL UNIVERSO QUE NOS RODEA, MENOS QUERREMOS DESTRUIRLAS.

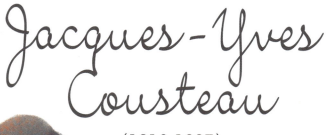

Jacques-Yves Cousteau

(1910-1997)

Uno de los mayores legados que dejé es la organización que lleva mi nombre, dedicada a investigar el medioambiente y a preservar la riqueza de la vida marina. Fuera de la comunidad científica, mi mayor contribución consistió en EXPLORAR EL HÁBITAT MENOS CONOCIDO DEL PLANETA, EL AGUA, para mostrarlo al mundo. Sumergirme en las profundidades de los mares, océanos, lagos y ríos me apasionó durante toda la vida. Me permitió descubrir la riqueza oculta en todos los rincones del mundo y comprender que tenemos la obligación de cuidarla. Desde el momento mágico en el que abrí los ojos dentro del mar, fui incapaz de ver, pensar y vivir como antes.

En mis años de juventud alquilé el *CALYPSO*, un barco abollado que en otra época había sido un dragaminas y que no parecía tener demasiado futuro. Lo transformé en un laboratorio apto para realizar EXPEDICIONES OCEANOGRÁFICAS y lo equipé con algunas estaciones de OBSERVACIÓN SUBMARINA. El *Calypso* no tardó en convertirse en mi principal base de investigación.

Surqué muchos mares a bordo de aquel laboratorio flotante. Me entregué en cuerpo y alma a documentar las maravillas del mundo subacuático, e incluso diseñé y construí casas submarinas en las que se podía vivir durante un breve período de tiempo. Mi creciente interés por el universo submarino tal vez se deba a que fui uno de los primeros en comprender que EL CICLO DEL AGUA Y EL DE LA VIDA SON EL MISMO.

David Attenborough (1926)

Cuando era pequeño me fascinaban los fósiles y los vestigios de los seres vivos que habían habitado nuestro mundo en un pasado remoto. Más adelante, mi interés se amplió para incluir a las especies vivas, y pronto me di cuenta de que los humanos y el progreso tecnológico suponían una grave y constante amenaza para ellas. He dedicado casi toda mi vida a documentar las maravillas de la naturaleza que hay en nuestro planeta. Me siento muy orgulloso de que algunas criaturas vivas, como la extraña planta carnívora *Nepenthes attenboroughii* o el diminuto murciélago *Myotis attenboroughi*, lleven mi nombre. ESTOY CONVENCIDO DE QUE EL MUNDO NATURAL ES EL QUE NOS PROPORCIONA LAS MAYORES EMOCIONES.

Cuando empecé a trabajar para la BBC, carecía de televisor y no podía ver las series documentales que yo mismo escribía y presentaba. Sin embargo, pronto me di cuenta del enorme potencial que tenía la televisión para difundir contenidos y lograr que la gente se asomara con curiosidad a los misterios de la vida en la Tierra. Viajé por todos los rincones del mundo y, durante más de cincuenta años, rodé documentales en los que describía el mundo que nos rodea con la intención de CONCIENCIAR A LOS ESPECTADORES DE LA IMPORTANCIA DE CONSERVAR LA NATURALEZA. El título de mi proyecto más reciente, *Nuestro Planeta*, lo explica todo: la Tierra es *nuestra* y eso significa que tenemos la obligación de cuidarla. NUESTRO MUNDO NATURAL está cambiando y todos dependemos de él. Nos proporciona comida, agua y aire. ES LO MÁS VALIOSO QUE TENEMOS Y DEBEMOS PROTEGERLO.

Raoni Metuktire (1930)

Mi nombre dio título a un documental dedicado a apoyar los derechos de los indios americanos. Yo mismo protagonicé el largometraje junto al actor estadounidense Marlon Brando, también comprometido con la causa. Pero si mi propósito de PROTEGER LA SELVA AMAZÓNICA Y A SUS HABITANTES tuvo resonancia internacional fue gracias a la ayuda de un músico británico, Sting. Nos conocimos en persona y, poco después, nació la *Rainforest Foundation*, una organización dedicada a la defensa de los pueblos indígenas y los bosques del Amazonas. Como jefe de los Kayapó, una tribu que habita en las tierras del Mato Grosso (Brasil), no podía negarme a luchar por la protección de la Amazonia, aunque creo que esta misión debería ser responsabilidad de todos los seres humanos, sea cual sea su procedencia. Al fin y al cabo, todos respiramos el mismo aire y bebemos la misma agua. Vivimos en este planeta y TENEMOS QUE PROTEGERLO.

Hay un rasgo físico que me caracteriza de una manera especial: el gran disco coloreado que llevo inserto en el labio inferior. Decidí ponérmelo cuando era joven, como signo de pertenencia a mi tribu.

En aquel momento ignoraba que mi batalla más difícil como jefe de los Kayapó sería, simplemente, LA SUPERVIVENCIA...

Los nativos como yo siempre hemos vivido en estrecho contacto con el paisaje que nos rodea. Pero hoy existen intereses políticos y económicos que amenazan con destruir el delicado equilibrio entre los humanos y la naturaleza, y que ponen en peligro el bien más valioso que poseemos: la tierra y sus riquezas. Esta es la razón por la cual tomé partido contra proyectos arquitectónicos como la construcción de una presa en Belo Monte, cuyo funcionamiento habría representado una catástrofe para la biodiversidad de la zona y para los pueblos indígenas de los alrededores. PARA VIVIR DEBEMOS RESPETAR EL MUNDO, LOS ÁRBOLES, LAS HIERBAS, LOS ANIMALES, LOS RÍOS E INCLUSO LA MISMA TIERRA.

Dian
Fossey
(1932-1985)

Pasé muchos años investigando a los gorilas, aunque cuando llegué a África por primera vez mi propósito era otro. Me había propuesto explorar al menos una parte de aquel extraordinario continente, observar las especies que vivían allí y contemplar un paisaje natural no contaminado aún por el ser humano. Cumplir aquel sueño me resultó difícil, pero mereció la pena porque… ¡me hizo descubrir mi verdadera vocación! El primer encuentro con los gorilas fue una experiencia inolvidable: tuve la sensación de encontrarme frente a SERES MUY PARECIDOS A MÍ, CON LOS QUE PODÍA COMPARTIR EMOCIONES E INCLUSO TENER TRATO SOCIAL. Poco a poco, con humildad y paciencia, conseguí acercarme a ellos y empezamos a forjar un vínculo de comprensión mutua y amistad. No tardé en darme cuenta de los peligros que corrían aquellas criaturas, amenazadas por la avaricia de personas sin escrúpulos que no tenían reparos en destruir sus hábitats.

La aventura pudo haber durado mucho más tiempo, pero mi empeño en proteger a los gorilas chocó con intereses económicos demasiado poderosos. Me enemisté con los cazadores furtivos y pagué con la vida mi dedicación. No lo lamento: cuando te das cuenta del valor de la vida en su totalidad, piensas menos en el pasado y te concentras más en la preservación del futuro. Actualmente existe una fundación que lleva mi nombre, la Dian Fossey Gorilla Fund, que continúa mi labor. Se ocupa de estudiar y proteger a los gorilas que tanto quise, pero, además, promueve la coexistencia pacífica entre estos animales y las comunidades locales para que ambos se beneficien de un respeto mutuo.

Jane
Goodall
(1934)

Aprendí mucho más sobre la humanidad mientras convivía con los chimpancés que mientras compartí mi tiempo con otros seres humanos. La observación atenta de aquellos primates me permitió comprender lo que significa vivir en el seno de una comunidad y colaborar con sus miembros en busca de una meta común. Creo que todos aprenderíamos mucho si pensáramos que los animales son seres que, como nosotros, experimentan emociones. Observar de cerca a los chimpancés me ayudó a comprender QUÉ SIGNIFICA RESPETAR LA NATURALEZA Y VIVIR EN ARMONÍA CON LO QUE NOS RODEA. Mis conocimientos me impulsaron a crear el Instituto Jane Goodall, cuya misión es, precisamente, conseguir que se reconozcan los derechos de los animales. Al fin y al cabo, los humanos NO SOMOS LOS ÚNICOS ANIMALES QUE EXPERIMENTAMOS DOLOR Y SUFRIMIENTO...

Al principio no tenía intención de dedicarme a los chimpancés. Me interesaba la etología, es decir, el estudio del comportamiento animal, pero carecía de un objetivo concreto. Fue el paleoantropólogo Louis Leakey quien me sugirió que estudiara a estos extraordinarios homínidos. ¡Siempre le estaré agradecida por ello!

Me enamoré de los chimpancés nada más verlos y NUESTRO AMOR AÚN PERDURA. Les he dedicado casi toda mi vida y a su lado hice muchos descubrimientos asombrosos. Pude observar, entre otras cosas, que saben utilizar herramientas sencillas para procurarse alimentos (son capaces de afilar un palo y hurgar en las grietas de los árboles para extraer gusanos o larvas, por ejemplo). Pero mi experiencia más gratificante fue la de poder participar en sus costumbres sociales: dar y recibir abrazos, presenciar cómo las madres acunan a sus bebés, formar parte de los juegos... Cuando un chimpancé pequeño nos mira es como si nos mirase un niño humano. SENTIMOS LA OBLIGACIÓN MORAL DE PROTEGERLO.

Vivienne Westwood (1941)

Tengo un temperamento atrevido y transgresor, ¡exagerar es lo mío! Siempre me he dedicado en cuerpo y alma a mis dos grandes pasiones, la moda y la protección del medioambiente, y lo he hecho con una vehemencia casi agresiva (¡pero necesaria para desafiar el conformismo dominante!). Fui una de las principales diseñadoras de moda de la era punk, y con el paso del tiempo me propuse COMUNICAR, MEDIANTE LAS PRENDAS QUE CONFECCIONABA, UN IMPORTANTE MENSAJE SOBRE EL IMPACTO QUE TIENE EL SER HUMANO EN EL MEDIOAMBIENTE. Estoy convencida de que una moda respetuosa con el planeta contribuiría a proteger a las poblaciones que lo habitan y también a las generaciones futuras.

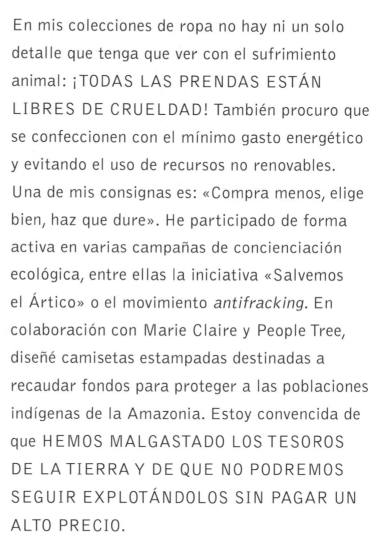

En mis colecciones de ropa no hay ni un solo detalle que tenga que ver con el sufrimiento animal: ¡TODAS LAS PRENDAS ESTÁN LIBRES DE CRUELDAD! También procuro que se confeccionen con el mínimo gasto energético y evitando el uso de recursos no renovables. Una de mis consignas es: «Compra menos, elige bien, haz que dure». He participado de forma activa en varias campañas de concienciación ecológica, entre ellas la iniciativa «Salvemos el Ártico» o el movimiento *antifracking*. En colaboración con Marie Claire y People Tree, diseñé camisetas estampadas destinadas a recaudar fondos para proteger a las poblaciones indígenas de la Amazonia. Estoy convencida de que HEMOS MALGASTADO LOS TESOROS DE LA TIERRA Y DE QUE NO PODREMOS SEGUIR EXPLOTÁNDOLOS SIN PAGAR UN ALTO PRECIO.

Chico
Mendes

(1944-1988)

Al principio fui recolector de caucho
y líder sindical. Ambas cosas me
llevaron a ser ecologista.

Mis primeras campañas en Brasil estuvieron
dedicadas a defender los derechos de los campesinos
explotados. Nunca abandoné la defensa de las clases
desfavorecidas ni la lucha por la justicia social, pero con
el tiempo mis inquietudes se ampliaron hasta abarcar los
muchos problemas de la selva amazónica, amenazada por
la deforestación. Al principio pensaba que defendía los
árboles del caucho, luego creí que luchaba para salvar
el ecosistema amazónico, pero al final comprendí que
luchaba por la humanidad entera. No hay esperanza
posible si no comprendemos que todos estamos
íntimamente relacionados con el planeta en el que
vivimos. Si lo destruimos, nos destruimos también
a nosotros mismos.

Mi lucha fue más allá de los límites de la selva amazónica, llegó al Senado de Estados Unidos y encontró eco en los medios de comunicación de muchos otros países. Tras muchos esfuerzos conseguí que se crearan ZONAS PROTEGIDAS, es decir, reservas de extracción del caucho ubicadas en tierras expropiadas a los grandes terratenientes. En aquellos territorios, LA HUMANIDAD Y LA NATURALEZA PODÍAN COEXISTIR sin conflictos. También presenté algunas propuestas en defensa de los pueblos de la selva y recibí numerosos apoyos. Pero mi presencia, mis actos y mis ideas pronto empezaron a resultar muy molestos para ciertas personas. Un día, un pequeño grupo de terratenientes, enfurecidos por un activismo que atentaba contra sus intereses, decidió silenciarme. Fui asesinado en 1988. Mi ejemplo, no obstante, impulsó a mucha gente a seguir mis pasos, porque NO PODEMOS PERMANECER EN SILENCIO CUANDO HAY TANTA INJUSTICIA.

Al Gore

(1948)

Aunque pueda parecer extraño, soy más famoso por haber salido en un documental dedicado al calentamiento global que por haber sido el vicepresidente de los Estados Unidos.

El documental en cuestión, titulado *Una verdad incómoda*, se estrenó en 2006 y tuvo una gran acogida. Permitió recaudar mucho dinero, parte del cual se invirtió en campañas destinadas a fomentar la conciencia ecologista de los ciudadanos. En el fondo, estoy convencido de que PODEMOS SOLUCIONAR EL PROBLEMA DEL CLIMA. Nos costará mucho, eso es innegable, pero si nos decidimos a resolverlo, no me cabe la menor duda de que lo conseguiremos.

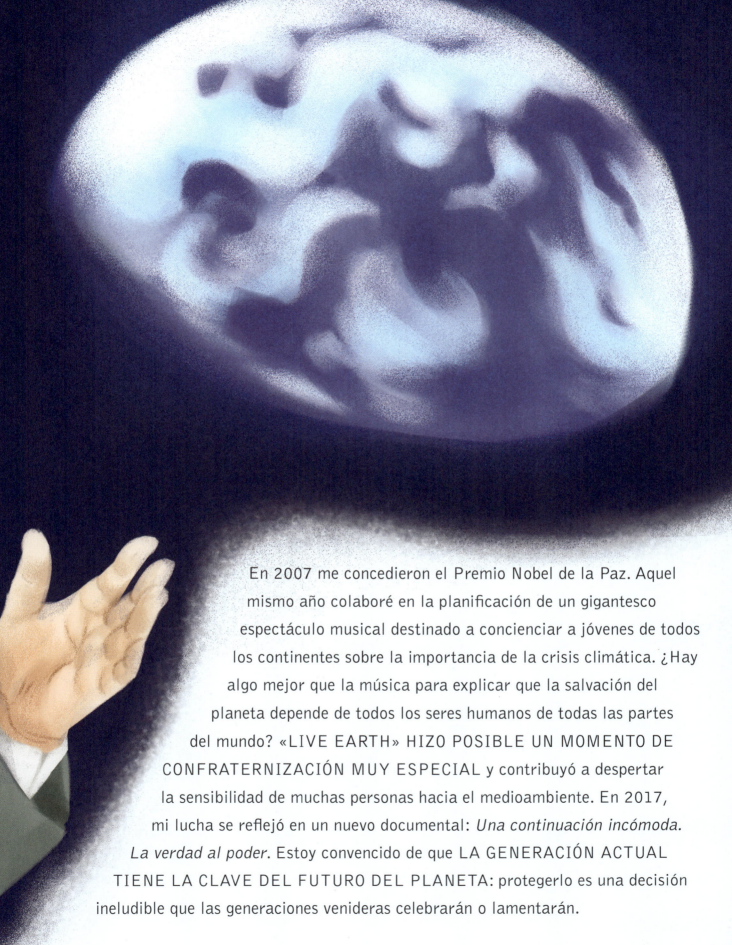

En 2007 me concedieron el Premio Nobel de la Paz. Aquel mismo año colaboré en la planificación de un gigantesco espectáculo musical destinado a concienciar a jóvenes de todos los continentes sobre la importancia de la crisis climática. ¿Hay algo mejor que la música para explicar que la salvación del planeta depende de todos los seres humanos de todas las partes del mundo? «LIVE EARTH» HIZO POSIBLE UN MOMENTO DE CONFRATERNIZACIÓN MUY ESPECIAL y contribuyó a despertar la sensibilidad de muchas personas hacia el medioambiente. En 2017, mi lucha se reflejó en un nuevo documental: *Una continuación incómoda. La verdad al poder.* Estoy convencido de que LA GENERACIÓN ACTUAL TIENE LA CLAVE DEL FUTURO DEL PLANETA: protegerlo es una decisión ineludible que las generaciones venideras celebrarán o lamentarán.

Steve
Sawyer
(1956-2019)

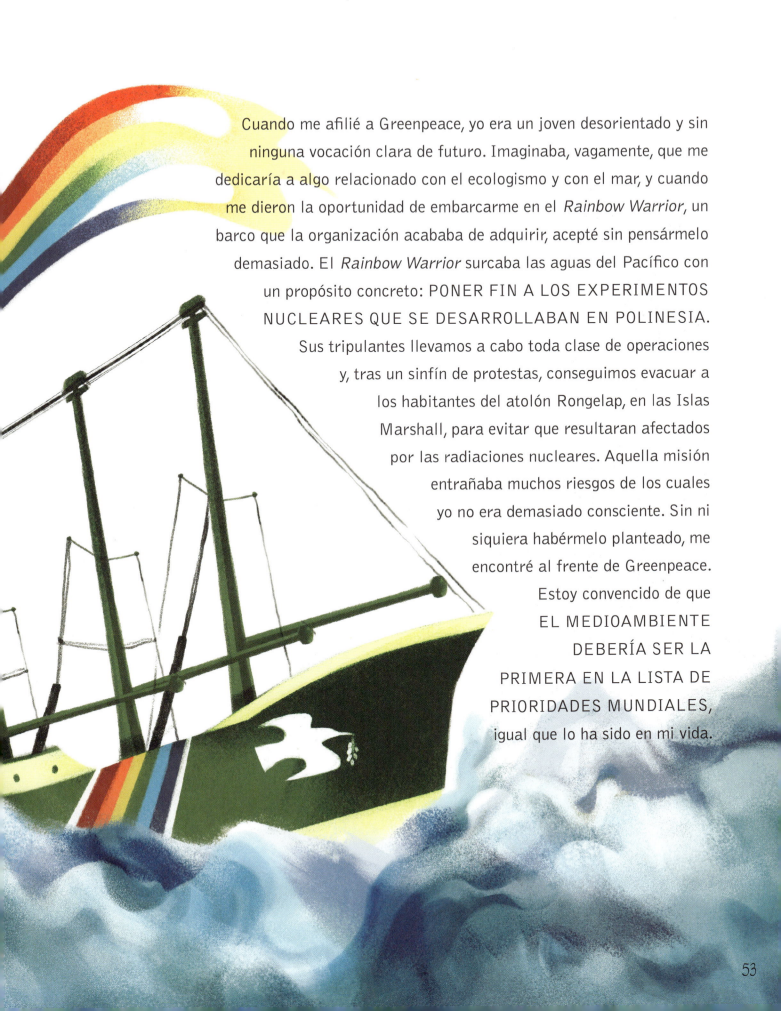

Cuando me afilié a Greenpeace, yo era un joven desorientado y sin ninguna vocación clara de futuro. Imaginaba, vagamente, que me dedicaría a algo relacionado con el ecologismo y con el mar, y cuando me dieron la oportunidad de embarcarme en el *Rainbow Warrior*, un barco que la organización acababa de adquirir, acepté sin pensármelo demasiado. El *Rainbow Warrior* surcaba las aguas del Pacífico con un propósito concreto: PONER FIN A LOS EXPERIMENTOS NUCLEARES QUE SE DESARROLLABAN EN POLINESIA. Sus tripulantes llevamos a cabo toda clase de operaciones y, tras un sinfín de protestas, conseguimos evacuar a los habitantes del atolón Rongelap, en las Islas Marshall, para evitar que resultaran afectados por las radiaciones nucleares. Aquella misión entrañaba muchos riesgos de los cuales yo no era demasiado consciente. Sin ni siquiera habérmelo planteado, me encontré al frente de Greenpeace. Estoy convencido de que EL MEDIOAMBIENTE DEBERÍA SER LA PRIMERA EN LA LISTA DE PRIORIDADES MUNDIALES, igual que lo ha sido en mi vida.

Cuando zarpé a bordo del *Rainbow Warrior*, yo estaba a punto de cumplir 29 años y no se me había pasado por la cabeza que aquella misión podría costarme la vida. Fue un capricho del destino que no fuera así: nuestros adversarios —unos agentes franceses— hicieron explotar en el barco una bomba submarina que acabó con la vida de uno de mis compañeros, un fotógrafo llamado Fernando Pereira. La gravedad de los acontecimientos causó una gran indignación en todo el mundo y contribuyó a dar una mayor resonancia a la causa por la que luchábamos. ALGUNOS GOBIERNOS OPTARON, INCLUSO, POR ABANDONAR LAS PRUEBAS NUCLEARES. Durante mis últimos años de vida me interesé por los recursos renovables, en concreto por la energía eólica, y fundé junto con algunos compañeros el Consejo Mundial de Energía Eólica. También me convencí de que LAS ACCIONES RADICALES QUE ME CARACTERIZARON EN OTRA ÉPOCA NO TIENEN POR QUÉ SER NECESARIAS HOY EN DÍA PARA LLAMAR LA ATENCIÓN DEL PÚBLICO. A veces, basta con señalar un problema con el dedo.

Cindy Lowry (1956)

Durante más de veinte años me he dedicado a gestionar problemas relacionados con la ecología, primero como directora de Greenpeace en Alaska y luego al frente de la OPTI, una organización dedicada a proteger los recursos naturales del mar y de las costas. LOS INTERESES POLÍTICOS Y ECONÓMICOS REPRESENTAN HOY UNA GRAVE AMENAZA PARA LOS ECOSISTEMAS MARINOS, y la opinión pública debería ser mucho más consciente de ello: no debemos permitir que algo que nos beneficia a todos, como la riqueza del mar, caiga en malas manos. Siempre he luchado para que la naturaleza reciba la atención que merece. Lo hice en el pasado, cuando llamé la atención de los medios de Barrow, en Alaska, para ayudar a unas ballenas en apuros. Y actualmente promuevo todo tipo de iniciativas ecologistas con el fin de CONSEGUIR QUE SE EMPIECE A PENSAR EN LA PLANIFICACIÓN DEL ESPACIO MARINO Y SUS ECOSISTEMAS, concebidos como parte de un todo.

En septiembre de 1988 intervine en un apasionante rescate que alcanzó repercusión mundial ¡e incluso inspiró una película y un libro! Ambos salieron al mercado con el mismo título, *El gran milagro*, y relataban la historia de tres ballenas grises que habían quedado atrapadas en el hielo, delante de la costa de Barrow, y cuya vida corría peligro. Hicimos todo lo posible para liberarlas, incluso solicitamos la colaboración urgente de los gobiernos soviético y norteamericano en una época en la que la Guerra Fría aún estaba en vigor. La operación, difícil y arriesgada, mantuvo al mundo en vilo durante varios días y tuvo un feliz desenlace. NUNCA OLVIDARÉ LOS MOMENTOS QUE PRECEDIERON A LA LIBERACIÓN DE LAS BALLENAS. Al contemplarlas, supe que todo acabaría bien: «Estáis a punto de volver a casa», pensé.

J. Michael
Fay

(1956)

Caminaba tanto que me sangraban los pies, pero lo cierto es que nunca me he sentido tan bien como cuando recorría a pie la selva africana para descubrir sus misterios. ¡La naturaleza tiene, sin duda, la asombrosa capacidad de dar a la humanidad mucho más de lo que recibe a cambio! Pero no solo exploré África a pie. También pude hacerlo desde el aire, gracias a mi participación en el proyecto MegaFlyover, cuyo objetivo era sobrevolar el continente y tomar nota de las maravillas de la naturaleza que todavía se conservaban intactas. A pesar de que resultó una gran experiencia, siempre digo que prefiero explorar los parajes caminando. ¡Tener los pies en el suelo es la mejor forma de estar en contacto directo con el entorno natural! Esta misma idea ha hecho que muchos gobiernos comprendan la importancia de conservar los paisajes y creen reservas naturales, importantísimas para la protección del planeta.

Al lado de Nick Nichols, un célebre
fotógrafo que había participado en varias
misiones de *National Geographic*, formé parte
de otro gran proyecto: MegaTransect. En este caso,
el objetivo era realizar una larga expedición por el África
Central, en concreto por la zona comprendida entre Gabón y el Congo, para
documentar y conocer mejor sus bosques. Los vídeos y fotografías que captamos
durante el largo recorrido permitieron que el gran público contemplara aquellos
paisajes sublimes y comprendiera la necesidad de CONSERVAR LA RIQUEZA
NATURAL QUE SEGUÍA VIVA EN EL VASTO CONTINENTE AFRICANO
Y EN OTROS LUGARES. Compartir los resultados de nuestro trabajo fue, sin
duda, una forma útil de contribuir a frenar los efectos perjudiciales del progreso
humano sobre el medioambiente.

Erin Brockovich

(1960)

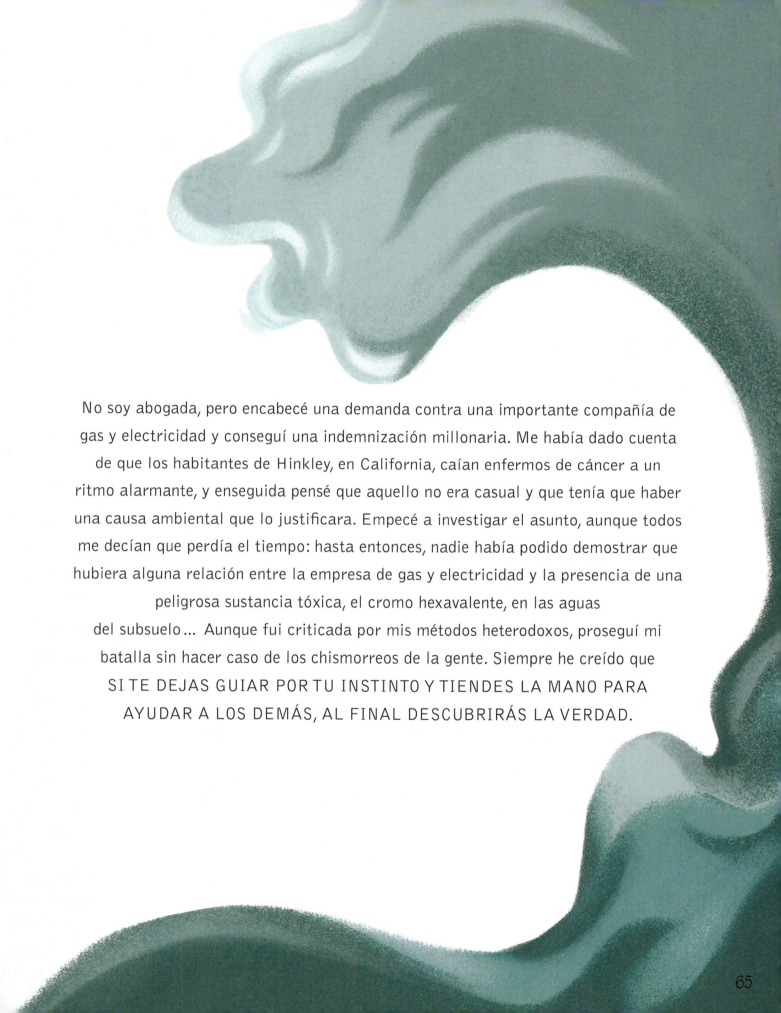

No soy abogada, pero encabecé una demanda contra una importante compañía de gas y electricidad y conseguí una indemnización millonaria. Me había dado cuenta de que los habitantes de Hinkley, en California, caían enfermos de cáncer a un ritmo alarmante, y enseguida pensé que aquello no era casual y que tenía que haber una causa ambiental que lo justificara. Empecé a investigar el asunto, aunque todos me decían que perdía el tiempo: hasta entonces, nadie había podido demostrar que hubiera alguna relación entre la empresa de gas y electricidad y la presencia de una peligrosa sustancia tóxica, el cromo hexavalente, en las aguas del subsuelo... Aunque fui criticada por mis métodos heterodoxos, proseguí mi batalla sin hacer caso de los chismorreos de la gente. Siempre he creído que SI TE DEJAS GUIAR POR TU INSTINTO Y TIENDES LA MANO PARA AYUDAR A LOS DEMÁS, AL FINAL DESCUBRIRÁS LA VERDAD.

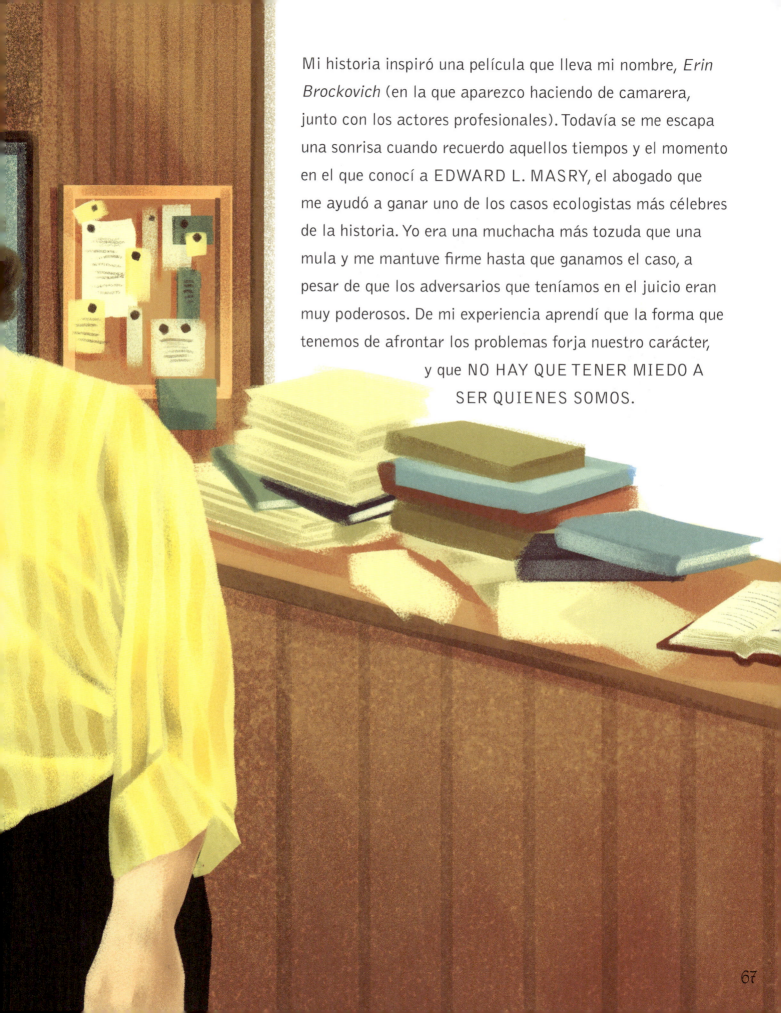

Mi historia inspiró una película que lleva mi nombre, *Erin Brockovich* (en la que aparezco haciendo de camarera, junto con los actores profesionales). Todavía se me escapa una sonrisa cuando recuerdo aquellos tiempos y el momento en el que conocí a EDWARD L. MASRY, el abogado que me ayudó a ganar uno de los casos ecologistas más célebres de la historia. Yo era una muchacha más tozuda que una mula y me mantuve firme hasta que ganamos el caso, a pesar de que los adversarios que teníamos en el juicio eran muy poderosos. De mi experiencia aprendí que la forma que tenemos de afrontar los problemas forja nuestro carácter, y que NO HAY QUE TENER MIEDO A SER QUIENES SOMOS.

Javier Goyeneche (1970)

Podría decirse que soy, a la vez, empresario y ecologista. Conseguí armonizar esas dos vertientes de mi personalidad gracias a un ambicioso proyecto: la creación de ropa respetuosa con el medioambiente. ¿Qué significa esto? Me dedico a diseñar prendas de moda cuya presentación y embalaje no malgastan los recursos limitados del planeta. Mi modelo de empresa *ecofriendly* ha inspirado a muchos otros empresarios que, siguiendo mis pasos, han cambiado el funcionamiento de sus compañías para no perjudicar el medioambiente. Me gustaría transmitir a todos, y en especial a los más jóvenes, un importante mensaje: SE PUEDE GANAR DINERO Y, AL MISMO TIEMPO, SER RESPETUOSO CON EL PLANETA.

En 2009 patenté la marca Ecoalf, cuyo nombre aludía a mi hijo Alfredo y a mi pasión por la ecología. Hacía mucho tiempo que me sentía preocupado por el legado ambiental que mi generación iba a dejar a las generaciones futuras: UN MUNDO AÚN MÁS CONTAMINADO Y MÁS POBRE EN RECURSOS NATURALES que el que tenemos ahora. Decidí que había llegado el momento de actuar, de hacer algo que tuviera consecuencias tangibles en el bienestar del planeta. Se me ocurrió INVENTAR UN ESTILO DE ROPA BASADO EN EL RECICLAJE DEL PLÁSTICO (un material que no se degrada o tarda muchísimo tiempo en hacerlo, motivo por el cual resulta altamente contaminante). Invertí muchos recursos en dar con un método de producción que tuviera el menor impacto posible en el medioambiente, y puse el mismo empeño en dar a conocer la singularidad y el valor de mis productos. ¡NO PODEMOS SEGUIR VIVIENDO EN ESTE PLANETA COMO SI HUBIERA OTRO AL QUE MUDARNOS!

Julia
Butterfly
Hill

(1974)

En una canción de Red Hot Chili Peppers titulada
«Can't stop» («No puedes detenerte»), hay un verso
que dice: «J. Butterfly está en la copa del árbol». La
canción alude al acto de protesta más llamativo que he
protagonizado jamás para proteger el medioambiente:
DURANTE CASI DOS AÑOS, VIVÍ EN LA COPA DE UN
ÁRBOL con el fin de impedir que talaran el bosque de secuoyas
de Humboldt County, en California. Mi decisión fue un ACTO
IMPULSIVO Y EMOCIONAL, más que el resultado de una actitud
reflexiva. Pero lo cierto es que no me detuve. Y cuando volví a poner
los pies en el suelo, lo hice para continuar luchando por la defensa
del medioambiente, tanto en los Estados Unidos como en América
del Sur. No tardé en convencerme de que existen muchas personas
dispuestas a aportar su granito de arena para mejorar el estado
del planeta. Al fin y al cabo, EN EL FONDO DE TODOS LOS
SERES HUMANOS HAY UN BUEN CORAZÓN. Algunos
han perdido el rumbo y se han olvidado de amar,
de modo que nos toca a nosotros orientarlos.

738 es, exactamente, el número de días que pasé en Luna, el secuoya que me dejó vivir entre sus ramas y al que dediqué mi libro *El legado de Luna*. La aventura empezó con un viaje que hice en compañía de unos amigos. Durante nuestro recorrido pudimos observar muy de cerca la deforestación que amenazaba seriamente amplias zonas de California. Cuando me encaramé a Luna, no imaginé que permanecería allí durante tanto tiempo. Nunca he lamentado mi decisión: sirvió para que las sierras de las compañías madereras se mantuvieran alejadas, y pronto me convertí en un ejemplo de resistencia pacífica que muchas otras personas quisieron seguir. SI TODOS CUIDÁRAMOS LA NATURALEZA QUE NOS RODEA, LA TIERRA SERÍA UN LUGAR AÚN MEJOR PARA VIVIR. Cada día de mi vida, al despertar, me pregunto: «¿Qué puedo hacer hoy, cómo puedo ayudar al mundo?».

Leonardo DiCaprio (1974)

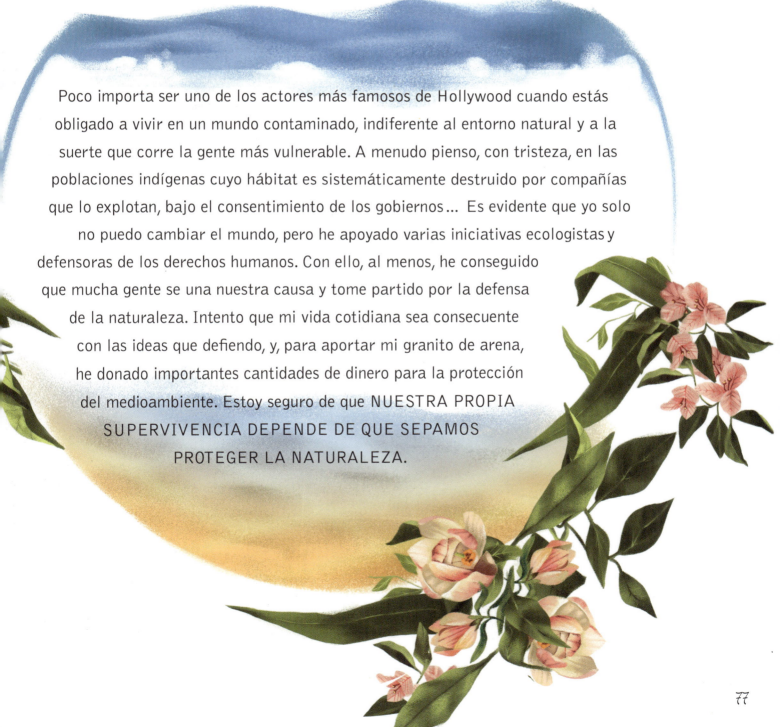

Poco importa ser uno de los actores más famosos de Hollywood cuando estás obligado a vivir en un mundo contaminado, indiferente al entorno natural y a la suerte que corre la gente más vulnerable. A menudo pienso, con tristeza, en las poblaciones indígenas cuyo hábitat es sistemáticamente destruido por compañías que lo explotan, bajo el consentimiento de los gobiernos... Es evidente que yo solo no puedo cambiar el mundo, pero he apoyado varias iniciativas ecologistas y defensoras de los derechos humanos. Con ello, al menos, he conseguido que mucha gente se una nuestra causa y tome partido por la defensa de la naturaleza. Intento que mi vida cotidiana sea consecuente con las ideas que defiendo, y, para aportar mi granito de arena, he donado importantes cantidades de dinero para la protección del medioambiente. Estoy seguro de que NUESTRA PROPIA SUPERVIVENCIA DEPENDE DE QUE SEPAMOS PROTEGER LA NATURALEZA.

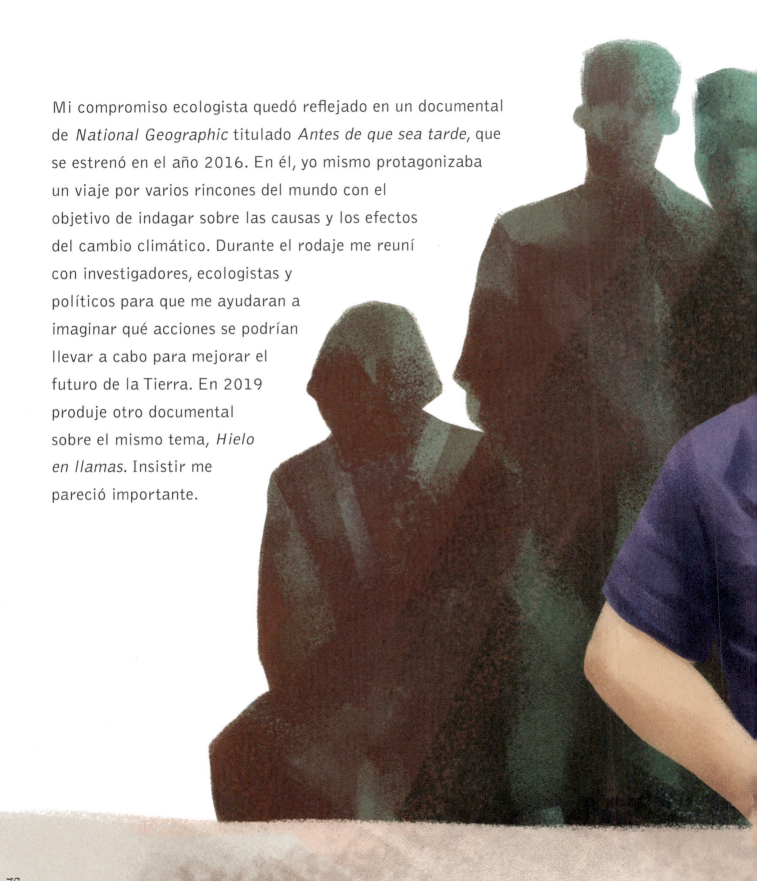

Mi compromiso ecologista quedó reflejado en un documental de *National Geographic* titulado *Antes de que sea tarde*, que se estrenó en el año 2016. En él, yo mismo protagonizaba un viaje por varios rincones del mundo con el objetivo de indagar sobre las causas y los efectos del cambio climático. Durante el rodaje me reuní con investigadores, ecologistas y políticos para que me ayudaran a imaginar qué acciones se podrían llevar a cabo para mejorar el futuro de la Tierra. En 2019 produje otro documental sobre el mismo tema, *Hielo en llamas*. Insistir me pareció importante.

¡DEBEMOS OBRAR CON RAPIDEZ Y EFICACIA
SI QUEREMOS EVITAR QUE SE PRODUZCAN
DAÑOS IRREPARABLES EN EL PLANETA!

Boyan Slat (1994)

A diferencia de muchos ecologistas, abiertamente hostiles al progreso tecnológico, ESTOY CONVENCIDO DE QUE LA TECNOLOGÍA PUEDE AYUDARNOS A COMBATIR LA CONTAMINACIÓN y a restablecer el equilibrio natural del planeta. En 2013 me propuse unir mi interés por la ecología con mi pasión por los sistemas tecnológicos y fundé *The Ocean Cleanup* (un nombre que podríamos traducir como «Limpieza de los océanos»). Todavía no había cumplido los veinte años, pero estaba decidido a encontrar una solución al gravísimo problema que suponen los plásticos arrojados al mar. Para ello diseñé un plan ambicioso y a largo plazo, que exigía unos recursos económicos y técnicos sin precedentes, pero que contribuirá, en el futuro, a eliminar toneladas de desechos plásticos que amenazan el ecosistema marino. Creo que RESOLVER EL PROBLEMA DE LA BASURA OCEÁNICA ES UNO DE LOS MAYORES RETOS ECOLÓGICOS QUE DEBE AFRONTAR LA HUMANIDAD.

Un día, buceando en las aguas del mar Egeo, me di cuenta de que a mi alrededor estaba viendo más basura que seres vivos. Aunque yo no era más que un adolescente, enseguida comprendí que aquello era muy preocupante. Desde ese momento, me empeñé en idear un sistema que permitiera limpiar las aguas, con el fin de que mi generación y las que vendrán después puedan gozar de un entorno natural sin contaminación.

The Ocean Cleanup nació como un proyecto de largo alcance. Su propósito es APROVECHAR TODOS LOS MEDIOS TECNOLÓGICOS QUE TENEMOS A NUESTRA DISPOSICIÓN PARA RECOGER Y DESTRUIR EL MATERIAL NOCIVO VERTIDO EN LOS MARES.

La tecnología no tiene por qué ser un enemigo. A mi modo de ver se trata, más bien, de un aliado poderoso que permite multiplicar las capacidades humanas.

Greta Thunberg

(2003)

Me llamo Greta y hoy todo el mundo me conoce, aunque durante mucho tiempo libré sola y en silencio mi lucha por el medioambiente. En la actualidad, MI MENSAJE ECOLOGISTA HA LLEGADO A TODAS PARTES y hay muchas personas dispuestas a seguir mi ejemplo. Para algunos soy una heroína, para otros, una piedra en la suela del zapato. Estos últimos querrían cerrarme la boca, alegan que soy pequeña y que no entiendo la vida. Pero la juventud está de mi parte y también hay muchos adultos que empiezan a valorar mis ideas. Soy directa y sincera, y, por encima de todo, sé que tengo que actuar deprisa si quiero salvar mi futuro y el de la gente de mi generación. NO ME IMPORTA LO MÁS MÍNIMO SER POPULAR. LO ÚNICO QUE ANHELO ES LA JUSTICIA CLIMÁTICA Y LA VIDA DEL PLANETA.

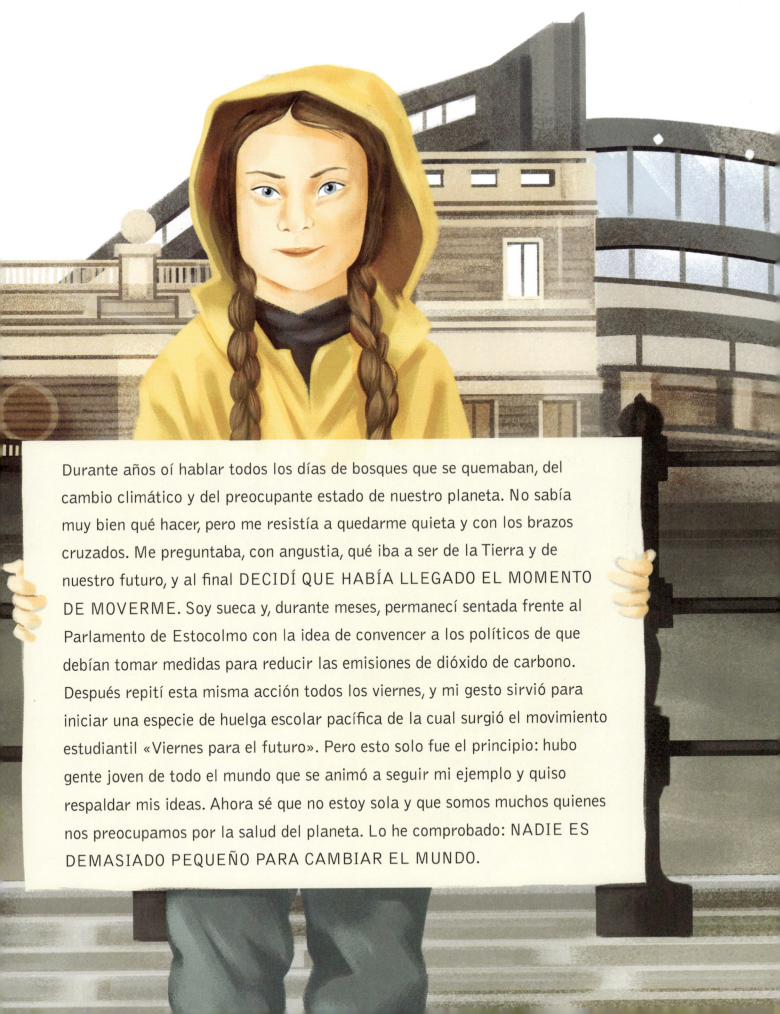

Durante años oí hablar todos los días de bosques que se quemaban, del cambio climático y del preocupante estado de nuestro planeta. No sabía muy bien qué hacer, pero me resistía a quedarme quieta y con los brazos cruzados. Me preguntaba, con angustia, qué iba a ser de la Tierra y de nuestro futuro, y al final DECIDÍ QUE HABÍA LLEGADO EL MOMENTO DE MOVERME. Soy sueca y, durante meses, permanecí sentada frente al Parlamento de Estocolmo con la idea de convencer a los políticos de que debían tomar medidas para reducir las emisiones de dióxido de carbono. Después repetí esta misma acción todos los viernes, y mi gesto sirvió para iniciar una especie de huelga escolar pacífica de la cual surgió el movimiento estudiantil «Viernes para el futuro». Pero esto solo fue el principio: hubo gente joven de todo el mundo que se animó a seguir mi ejemplo y quiso respaldar mis ideas. Ahora sé que no estoy sola y que somos muchos quienes nos preocupamos por la salud del planeta. Lo he comprobado: NADIE ES DEMASIADO PEQUEÑO PARA CAMBIAR EL MUNDO.

ISABELLA GROTT

Nació en Rovereto (Italia) en 1985.
Estudió en el Instituto de Arte de
Trento y más adelante se trasladó a
Florencia, donde prosiguió sus estudios
en la Academia de Bellas Artes y en
la Academia Nemo de Artes Digitales.
Desde 2010 trabaja como ilustradora
independiente de libros infantiles y
colabora con distintas editoriales. Vive en
Florencia, con su inseparable gata Murple,
y es profesora en la Academia Nemo.

FEDERICA MAGRIN

Nació en Varese (Italia) en 1978 y
ha trabajado más de diez años en el
mundo editorial, primero como editora
en Edizioni De Agostini y actualmente
como colaboradora independiente.
Está especializada en libros infantiles,
aunque también traduce novelas y
escribe textos y cuentos educativos.